AF189697

Bernhard J. Schmidt

Klartext kompakt

Ist (m)ein Kind Autist?

Ermutigende Antworten auf
eine beängstigende Frage.

Bernhard J. Schmidt

Klartext kompakt

Ist (m)ein Kind Autist?
Ermutigende Antworten auf
eine beängstigende Frage.

ISBN: 978-3748147503

Herstellung und Verlag:
BoD – Books on Demand, Norderstedt.

Bibliografische Information der Deutschen Nationalbibliothek:
Die Deutsche Nationalbibliothek verzeichnet diese Publikation
in der Deutschen Nationalbibliografie; detaillierte bibliografische
Daten sind im Internet über http://dnb.dnb.de abrufbar.

Inhaltsverzeichnis

I. VORWORT

Es sind die Erfahrungen aus einem Jahr „Solidar Hotel
Goldener Stern" mit dem Angebot „Urlaub für Familien
mit (autistischen) Kindern", die mich zu diesem Buch
geführt haben.
Bereits im ersten Jahr waren einige hundert Kinder bei
uns zu Gast, davon wiederum ca. 50 Kinder, Jugendliche
und Erwachsene mit einer Autismus-Diagnose.
Unter den anderen Kindern waren jedoch etliche, die
deutliche Anzeichen von Autismus zeigten – und bei
denen manche Eltern auch einen „Anfangsverdacht"
hatten, andere wiederum nicht.
Die „Auffälligkeiten" der Kinder waren noch so gering,
dass sie für eine Diagnose nicht reichen würden, aber
doch so, dass die Eltern sich zumindest teilweise
Gedanken über mögliche Ursachen gemacht haben.
Sei es eine verzögerte Sprachentwicklung, wenig
Interesse an anderen Menschen bzw. Kindern, Probleme
mit der Motorik, Emotionsregulation …
Gerne hätte ich vielen Eltern gesagt, dass ihr Kind meiner
Meinung nach Autist ist und was sie deshalb bei der
weiteren Entwicklung des Kindes berücksichtigen
sollten. Und auch Erzieherinnen und Erzieher, z.B. im
Kindergarten und in der Kita, stehen immer häufiger vor

der Frage, ob eines der Kinder eventuell Autist ist.
Wie man dies erkennen kann und was dann zu berück-
sichtigen ist.
Die letzten Jahrzehnte haben jedoch ein falsches Bild von
Autismus vermittelt – von Autismus als Krankheit.
Einer Krankheit, die zudem als unabänderliches, nicht
therapierbares Schicksal dargestellt wurde und leider
noch wird. So fürchten Eltern schon allein das Wort
„Autismus" als vermeintlich unheilvoll und schrecken
davor zurück.
Doch Autismus ist keine Krankheit!
Auch Autisten können sich ganz normal entwickeln und
ein glückliches Leben als Teil der Gesellschaft führen!
Es sind historische Ereignisse, die dazu geführt haben,
dass man nur die Autisten gesehen hat, bei denen massive
Störungen der Entwicklung aufgetreten sind.
Ja, je bizarrer die Störung ist, umso größer ist das
Medieninteresse. „Normale" Autisten sind einfach nicht
spektakulär genug, um über sie zu berichten.
Was früher das Raritäten-Kabinett mit zweiköpfigen
Kälbern, der Dame ohne Unterleib etc. auf dem
Jahrmarkt war, das sind heute die Berichte über Autisten,
die unter einer Störung ihrer Entwicklung leiden.
Dass diese Störungen in aller Regel vermeidbar, und
wenn doch aufgetreten dann therapierbar sind, wurde und
wird übersehen.

Autismus ist eine „Vulnerabilität", d.h. eine Verletzlichkeit, die dazu führt, dass es bei Autisten eher zu einer Störung der Entwicklung kommen kann – aber eben nicht muss.

So wie bei einem rot-blonden Kind die Gefahr eines Sonnenbrands größer ist. Durch geeignete Schutzmaßnahmen kann man aber den Sonnenbrand, und bei Autisten eine Störung der Entwicklung verhindern.

Von daher ist eine Aufklärung der Eltern, aber auch Erzieher darüber notwendig,

1. was Autismus ist,
2. wie er sich äußert, so dass man das Kind als Autist erkennt,
3. und wie man dann das Risiko einer Entwicklungsstörung reduzieren kann.

Grundsätzlich ist es so, dass unsere technisierte Wohlstands- und Leistungsgesellschaft eine permanente Überforderung für ALLE Kinder darstellt. Und nicht nur für diese. Auch Erwachsene leiden immer häufiger unter psychischen Störungen.

Die erhöhte Anfälligkeit für eine Störung der Entwicklung liegt nur darin, dass die Grenze zur Überlastung bei Autisten niedriger ist.

Das bedeutet aber auch, dass alles was für autistische Kinder gut ist, für alle anderen Kinder auch gut ist!

Dass also das, was die Entwicklung autistischer Kinder fördert, auch alle anderen Kinder fördert.

Eine falsch-positive „Diagnose", also wenn ich (m)ein Kind zu unrecht für einen Autisten/eine Autistin halte, hat deshalb keine schädlichen Folgen – sofern man Autismus richtig versteht. Probleme dagegen können entstehen, wenn ich die Besonderheiten des Kindes ignoriere.

Dieses Buch soll nicht nur ein neues Verständnis vermitteln, sondern auch für die besonderen Entwicklungen von Autisten und möglichen Problemen sensibilisieren.

II. VIER GESCHICHTEN ALS EINLEITUNG

Die letzten 70 Jahre, beginnend mit den Schilderungen autistischer Patienten durch Asperger und Kanner, waren einzig und allein von einem rein beschreibenden (phäno-menologisch-deskriptiven) „Verständnis" von Autismus als Krankheit geprägt. In den lezten Jahren kamen zu den Beschreibungen der „Profis" aus Wissenschaft und Forschung dann die „Innensichten" autistischer Menschen und von Selbstvertretungsorganisationen hinzu. Geändert hat dies an den Irrtümern über Autismus jedoch nichts. Im Gegenteil wurden Vorurteile dadurch noch weiter zementiert.

Den rein statischen, auf die Defizite fokussierenden und diese als „Gott gegeben" postulierenden Beschreibungen möchte ich hier vier andere Perspektiven gegenüber stellen, die zugleich die Vorteile als auch evolutionäre Bedeutung von Autismus zeigen.

1 Thalina, die Jägerin

Die Dämmerung brach schon herein, als Thalina durch den Wald streifte. Die anderen Mitglieder ihrer Sippe waren schon alle im Lager und damit beschäftigt, das

Feuer zu entzünden. Doch Thalina fürchtete nicht wie die anderen die Nacht und Dunkelheit – im Gegenteil.
Sie war die beste Jägerin der Gruppe und genoß deshalb großes Ansehen. Denn sie kannte nicht nur alle Tiere des Waldes, sondern auch deren Verhaltensweisen, Laute und Signale, Spuren und Losungen. Und brachte von ihren Streifzügen fast immer reiche Beute mit ins Lager.
Sie lebte zu einer Zeit, als man als Mensch nicht nur Jäger, sondern immer zugleich auch Beute war.
Aber ihr Gehör und Geruch waren so gut, dass sie nicht nur eine Bedrohung, sondern auch Beute immer rechtzeitig wahrnahm. Und ihre Augen waren so scharf wie die eines Adlers. Auch spürte sie weder Schmerz noch Kälte. Während die anderen am wärmenden Lagerfeuer saßen und Geschichten erzählten, streifte Thalina durch den Wald, genoss die veränderte Wahrnehmung in der Dämmerung und auch Dunkelheit. Alles wurde ruhig und der Geruch des Waldes war ein anderer, feuchter, intensiver. Mit Pfeil und Bogen und auch dem Speer konnte sie besser umgehen als anderen der Sippe und kletterte besser als andere auf Bäume, was ihr häufig nützlich war. Nur die Märchenstunden am Feuer zusammen mit den anderen – die mied sie. Lieber erkundete sie die Umgebung und entdeckte so immer neue Lagerplätze, Quellen ...

2   Ben, der Senn

Der Himmel war noch blau, keine Wolke am Himmel, aber Ben roch bereits das aufkommende Unwetter. Behend sicherte er die Hütte und rief die Tiere in den Stall. Er war nun schon seit drei Monaten auf der Alm, und das meistens allein mit seinen Tieren. Radio, Mobiltelefon und Tourismus waren zu seiner Zeit noch nicht erfunden. Und auch kein Strom. Ab und zu kam einmal ein Kind des Bauern oder dessen Frau, um nach dem Rechten zu sehen und den fertigen Käse ins Tal zu holen. Doch die meiste Zeit war er allein. Er kannte alle seine Tiere, kannte alle Pflanzen und auch alle Gefahren für sich und seine Tiere, deren Krankheiten und auch die Heilkräuter, die Abhilfe schufen. Mit der Sonne stand er auf, und ging mit der Dämmerung zu Bett. Dazwischen arbeitete er den ganzen Tag, fällte Bäume und hackte Holz, molk die Kühe, machte Käse … viel Zeit für sich blieb ihm nicht. Auch ein Wochenende gab es für ihn nicht – die Tiere wollten ja jeden Tag versorgt werden. Der Bauer war sehr zufrieden mit seinem Ben, denn dieser machte nicht nur guten Käse, sondern brachte auch die Tiere im Herbst wieder alle gesund ins Tal zurück. Dass man nicht viel mit Ben über die Geschehnisse im Dorf reden konnte, fiel da nicht so ins Gewicht.

14

3   Sali, der Sammler

Es waren nicht viele Pilze in den Körben der anderen –
das sah Sali schon auf die Weite. Sein Korb dagegen war
voll. Bei den anderen würde er zudem von den wenigen
Pilzen noch etliche, die nicht essbar sind, aussortieren
müssen. Er kannte alle Pilze, wusste, welche essbar sind
und welche nicht. Er wusste, wann und wo die besten
Pilze wachsen – und sah Pilze, an denen schon viele
andere, ohne diese zu sehen, vorbei gegangen waren.
„Du siehst irgendwie anders." hatten die anderen ihm
einmal gesagt.
Aber auch mit Beeren und Wurzeln kannte er sich aus,
hatte schon früh bei den Alten gesessen oder hatte diese
in den Wald begleitet, während die anderen Kinder miteinander spielten. So hatte er schon als Kind gelernt, was
viele andere als Erwachsene noch nicht konnten. Viel
reden konnte man nicht mit ihm. Aber zum small-talk,
der damals noch nicht erfunden war, wäre sowieso kaum
Zeit gewesen. Und wenn er einmal sprach, am Liebsten
von Pilzen und Beeren erzählend, dann sprach er nicht so
wie sie, obwohl er unter ihnen aufgewachsen war.
Wenn gefeiert wurde, dann geschah dies nach festge-
legten Regeln. Doch davon hielt er sich meistens fern.
Lieber galt er als Eigenbrödler.

4   Dayal, der Mönch

Es war heiß und stickig im Dorf, die Sonne brannte herab und blendete. Es stank überall nach Schweiß, Abfall und Verwesung und der Lärm, das Geschwätz und Gewurle der vielen Menschen, die wie Ameisen hin und her liefen, waren unerträglich. So freute sich Dayal, als er durch die Pforten des Klosters treten konnte – in die Ruhe, den Schatten, die Kühle. Bereits als kleines Kind hatten ihn die Eltern in das Kloster gegeben – er war schon damals irgendwie anderes als seine vielen Geschwister gewesen. Lieber blieb er für sich allein, betrachtete Blumen und Käfer, und hielt sich von den Spielen und Rangeleien der Kinder fern.

Im Kloster genoss er die klare Tagesstruktur aus Gebeten, Mahlzeiten und Aufgaben. Es liebte die festen Rituale zusammen mit den anderen Mönchen, mit denen er sonst wenig zu tun hatte. Er liebte das Schweigen.

Im Kloster galt er als weise. Er sprach wenig, aber was er sagte oder auch nur zeigte, das hatte Gewicht.

5   Kindheit

Alle vier geschilderten Persönlichkeiten sind, wenn auch vielleicht hunderte von Jahren zwischen ihnen liegen, in

Gesellschaften und Gruppen aufgewachsen, die überschaubar waren. In denen die Gruppe oder das Dorf die „Kita" war. Zu einer Zeit, als der Großteil des Tages durch Arbeit ausgefüllt war und auch die Kinder schon von klein auf mithelfen mussten. Zu einer Zeit, als die Kinder noch nicht von der Arbeit der Eltern getrennt waren – und es trotz aller Arbeit und häufigen Not keinen burn-out gab.

Zu leicht vergessen wir, dass die Fernseher erst vor ca. 50 Jahren in die Wohnzimmer eingezogen sind, das Internet erst seit ca. 20 Jahren existiert … und Smartphones erst seit ein paar Jahren. Auch die Landflucht und die starke Ausdehnung der Großstädte, die Zunahme des Auto- und Flugverkehrs ist noch nicht so alt.

Alles dies hat das Leben zwar auf der einen Seite bequemer, auf der anderen aber auch stressiger gemacht. Die größte Not heutzutage ist der Überfluss – auch der Überfluss an Reizen. In wenigen Epochen der Menschheit hat sich das Leben so schnell und so umfangreich gewandelt, wie in den letzten 100 Jahren. Und so verwundert es nicht, dass die ersten Beschreibungen von Autismus auch erst vor ca. 70 Jahren entstanden. Dann, für einige Jahrzehnte vergessen, wurden diese wiederentdeckt, als die Segnungen der Industrialisierung in ihrem vollen Maß über uns ausgeschüttet wurden. Als aus Wäldern „Parks mit Trimm-Dich-Strecken"

wurden und aus Wiesen und Weiden Produktions-
flächen ...

6   Gemeinsamkeiten

Allen Protagonisten der vier Geschichten ist gemein, dass
sie deutliche Zeichen von Autismus zeigen – und alle
nicht als krank wahrgenommen würden.
Diese, auch in der Vergangenheit schon beschriebenen,
Anzeichen für Autismus sind u.a.

- Hypersensibilität, d.h. eine erhöhte
  Wahrnehmung durch die Sinne.

- Besondere Form der Mustererkennung.

- Gute Auge-Hand-Koordination.

- Unabhängigkeit von (unbewusster)
  Gruppenkommunikation, eher Einzelgänger.

- Starkes Inter-esse für Sachthemen und
  ausgeprägtes Erkundungsverhalten.

- Kaum Sprache, wenn dann sachbezogen.

– Dagegen wenig Interesse an Märchen, small-talk …

– Hohe Aktivitätslevel, d.h. eine gewisse Rast- und Ruhelosigkeit.

– Andere Schmerz- und Temperaturwahrnehmung, in aller Regel werden Schmerz und Kälte kaum wahrgenommen.

– Wenig bis keine Angst.

Und es sollte auch deutlich geworden sein, dass abhängig vom kulturellen Umfeld Autismus eher von Vorteil – auch für die anderen Menschen (der Gruppe) – sein kann. Einige Leser werden sich zudem nun denken, dass die Beschreibungen doch recht gut auf den einen oder anderen Bekannten passen, der sein Leben ganz normal lebt, mit Beruf, Partner und Kindern.

III. WAS ALLEN KINDERN GEMEIN IST

Das Wissen um die notwendigen Entwicklungs- und Lernprozesse bei Kindern scheint weitgehend verloren gegangen zu sein. Immer mehr werden Kinder wie kleine Erwachsene behandelt. Es wird mit ihnen so diskutiert, als ob die kognitiven Funktionen auch z.B. bei 2-jährigen schon voll ausgebildet wären. Die Kinder werden vor die Wahl von Alternativen gestellt, die diese häufig aufgrund der noch ausstehenden Lernprozesse noch nicht überschauen können. Auch werden die Kinder immer häufiger über ihre Belastungsgrenze hinaus gefordert. Und Stress ist heute bereits in die Kinderzimmer eingezogen. Kaum gibt es zwischen Schule, Geige und Ballett noch Rückzugsmöglichkeiten für Kinder,

1   Lernprozesse

Natürlich sind viele Grundlagen unserer Entwicklung bereits bei der Geburt in uns angelegt. Doch viele Dinge müssen auf der Grundlage dieser Anlagen erst gelernt werden. Diese Lernprozesse umfassen zum einen viel mehr Fähigkeiten, als man vielleicht denkt. Zum anderen sind die Lernprozesse abhängig von der sozio-kulturellen

Umgebung, in der sie stattfinden. So wird jedes Kind optimal an die jeweilige Umgebung angepasst. Und alle diese Lernprozesse benötigen viel Energie – und von daher auch Ruhe und Entspannung für die Lernenden. Viel lernen Kinder zudem durch das (gemeinsame) Spielen. Einer der größten Irrtümer im Bereich Autismus ist, dass autistische Kinder nicht mit anderen Kindern spielen wollen und können. Doch auch autistische Kinder wollen und können spielen. Es fällt ihnen nur schwerer. Wenn sich ein Kind zum Beispiel im Kindergarten zurück zieht und die Autos nach Größe sortiert, dann ist das kein Zeichen für nicht wollen und prinzipiell nicht können. In aller Regel ist das Kind dagegen mit der Gesamtsituation überfordert und zieht sich deshalb in seine Welt zurück.

1.1 Regulation körperlicher Funktionen

Sowohl der Schlaf-/Wach-Rhythmus, die Verdauung und auch Sauberkeit werden auf der Grundlage der Reifung körperlicher Funktionen auch durch die Orientierung an der Umwelt gelernt.
Aber auch die Sinne wie Sehen, Hören, Riechen, Fühlen werden durch die Interaktion mit der Umwelt „einge-stellt" und angepasst – das nennt man „sensorische Integration". Das Kind lernt, die Wahrnehmungen einzu-ordnen und zu verstehen. So wird die Welt, welche wir ja

21

immer durch mindestens einen der Sinne wahrnehmen, für die Kinder verständlich.

1.2 Regulation von Aggression, Exploration und Emotionen

Auch angeboren sind Aggression und Exploration als für das Überleben notwendige Verhaltensweisen. In einer nicht so technisierten Wohlstandsgesellschaft wie unserer waren Aggression und Exploration noch notwendig um Lebensräume, Nahrung und Sexualpartner zu finden und zu verteidigen. Gelernt werden muss jedoch der Umgang mit diesen Verhaltensweisen. Auch dieser kann, abhängig von der jeweiligen Kultur, sehr unterschiedlich sein. In machen Kulturen wird z.B. Aggression mehr akzeptiert, in anderen weniger.
Und auch die Bewertung von Ereignissen, also welche Emotionen zu einem Ereignis „passen" und in welchem Umfang diese Emotion zu zeigen ist, alles das ist abhängig von sozio-kulturellen Umfeld und wir in diesem gelernt.

1.3 Soziales Miteinander

Die Fähigkeit zum sozialen Miteinander ist „natürlich" auch angeboren. Die Regeln und Verhaltensweisen der jeweiligen Gruppe und Kultur jedoch müssen durch Teilnahme an dieser gelernt werden, zum Beispiel durch gemeinsames Spielen.

1.3.a   Sprache

Die Fähigkeit sich mittels Sprache zu verständigen, ist eine zentrale Eigenschaft von Menschen. So ist das Erlernen der jeweiligen Sprache ein wesentlicher Teil der Entwicklung von Kindern. Denn vor allem über die Sprache können sie am sozialen Miteinander teilnehmen. Sprache hat dabei, und auch dies wird meistens übersehen, viel weniger die Funktion des sachlichen Informationsaustausches, also andere Menschen z.B. über die neuesten Schnäppchen beim Discounter zu informieren (früher, vor einigen hundert Jahren, wären es neue Essensquellen gewesen).

Sprache dient vor allem der unbewussten Kommunikation der Zugehörigkeit zur Eigen-Gruppe, und zwar durch Imitation der Sprachmelodie des Gegenübers, Übernahme von Dialekten und Redewendungen …

Und damit auch gleichzeitig zur Abgrenzung von Fremd-Gruppen: „Wer nicht so redet wie wir, der gehört nicht zu uns."

Auch Ironie und Humor etc. werden durch die Teilnahme am sozialen Miteinander innerhalb eines sozio-kulturellen Umfelds gelernt. Nicht ohne Grund haben wir z.B. teilweise unsere liebe Not mit englischem Humor. Verhaltensweisen wie das Schauen in die Augen, Geben der Hand, Zeigen von Emotionen, sind kulturell unterschiedlich und werden durch die Teilnahme an der Kultur, also auch durch soziale Interaktion gelernt.

2   Interaktions-Kompetenz

Durch die bisher geschilderten Lernprozesse entwickelt das Kind „Interaktions-Kompetenz", d.h. dass es seine physikalische (die Welt der Sinne) wie auch soziale (die Welt des Miteinanders mit anderen Lebewesen) Umwelt versteht und mit dieser Welt und anderen Lebewesen, insbesondere Menschen, in Interaktion treten kann. Und dass es sich in seiner sozio-kulturellen Welt zurecht findet, also ohne fremde Hilfe orientieren kann. Die folgenden Kapitel sollen Eltern und Erzieher für die verschiedenen Entwicklungsbereiche sensibilisieren und zu einem besseren Verständnis des Entwicklungsstandes des Kindes beitragen.

3   Voraussetzungen

Die notwendigen Lernprozesse, die zur Interaktions-
Kompetenz führen, haben einige Voraussetzungen für
einen erfolgreichen Verlauf.

3.1   Energie – nach müde kommt doof

Leben an sich ist an sich der stete Kampf gegen die
Entropie unter Aufwand von Energie. D.h. ohne ent-
sprechende Energiezufuhr gibt es auch kein Leben.
Lernprozesse, insbesondere im Kleinkind- und Kindes-
Alter, benötigen noch einmal viel zusätzliche Energie.
Und auch das Aufrechterhalten der Regulations-
mechanismen, die z.B. die Aggression im Zaum halten,
benötigt Energie. Fehlt es an der notwendigen Energie,
brechen die Regulationsmechanismen zusammen.
„Nach müde kommt doof." fasst dies in treffende Worte.
Bei Autisten nennt man das dann „melt down" – hört sich
irgendwie besser an – ist aber das Gleiche.

3.2   Orientierung

Bis die eigenen Strukturen und Orientierungsfähigkeiten
ausgebildet sind, benötigen die Kinder externe Orien-

tierungshilfen. Durch diese könnten sich die Kinder auch in einer immer komplexer werdenden Welt zurecht finden. Leider gehen auch diese externen Orientierungshilfen immer mehr verloren.

Die Auflösung starrer gesellschaftlicher Strukturen und Verhaltensweisen bedeutet für Erwachsene zwar zusätzliche Entfaltungsmöglichkeiten, für die Kindern wird es jedoch schwieriger, sich zu orientieren.

So erschwert zum Beispiel der Schichtdienst der Eltern die Entwicklung des Schlaf-/Wach-Rhythmus.

Aber auch die Grenzen sozialen Handelns werden von den Kindern durch die Kombination von Exploration und Aggression abgefragt. Häufig erhalten die Kinder hier keine klaren Antworten mehr auf die Frage, wo denn die Grenzen verlaufen. Ja, häufig dreht sich sogar die natürliche Orientierung der Kinder an den Eltern um, und die Eltern orientieren sich statt dessen an ihrem Kind. Doch Kinder sind mit der Rolle des „Anführers" vollkommen überfordert.

3.3   Entspannung

Angst und Stress stehen der Teilnahme am sozialen Miteinander im Wege. Durch Angst und Stress gerät der Mensch in einen „Kampf oder Flucht"-Zustand, der nicht für soziale Interaktion geeignet ist. Autismus wird bisher

mit dem „Flucht"-Zustand gleich gesetzt, also dem Rückzug in die eigene, verständliche Welt von Ritualen und
Stereotypien, dem Sortieren von Autos statt des Spiels
mit diesen.

Der „Kampf"-Typ wurde dagegen bisher übersehen. Also
Kinder, die sich als Reaktion auf Angst und Stress nicht
zurück ziehen, sondern sehr stark ihre Umwelt – auf
Gefahren hin – erkunden und eher zu Aggression gegen
andere neigen als zur Autoaggression.

Aber Angst und Stress sind immer die Ursachen für das
Verhalten dieser Kinder, egal ob Flucht oder Kampf.

Von daher wären Entspannung und Ruhe für Kinder
besonders wichtig. Denn nur in diesem Zustand können
sie erfolgreich an der Umwelt teilnehmen, gemeinsam
spielen und sich somit im sozio-kulturellen Umfeld
entwickeln.

Stress wird dabei auch durch sensorische Einflüsse wie
Lärm etc. erzeugt. So stehen Kinder heutzutage häufig
unter Dauerstress. Wenn nicht durch Lärm, Lichtver-
schmutzung ... dann durch eine Aneinanderreihung von
Tätigkeiten und Aufgaben. Alles eigentlich zum Wohle
und Entfaltung des Kindes von den wohlmeinenden
Eltern geplant. Doch die notwendige Ruhe und Unge-
zwungenheit kommt dabei häufig zu kurz.

3.4 Teilnahme an sozialer Interaktion

Leider ist auch die Teilnahme an sozialer Interaktion in unserer Gesellschaft nicht mehr selbstverständlich.

Selbst wenn die Kinder wollen, die notwendige Energie und Ruhe hätten, werden sie doch immer häufiger von sozialem Miteinander ausgeschlossen. Zum Beispiel durch Kinderarmut oder Behinderung.

Wer nicht so ist, wie die anderen, wer von der Norm abweicht, der wird häufig von der Teilnahme an sozialer Interaktion ausgeschlossen.

IV. WAS IST BEI AUTISTEN ANDERS?

Die Betonung liegt, und das kann man nicht oft genug wiederholen, auf ANDERS! Es geht also nicht um „krank", „behindert" …, sondern um eine andere Form der Wahrnehmung und des Verhaltens, die, wie in den Geschichten dargestellt, durchaus ihre Berechtigung haben. Aber wie sind Autisten anders?

1   Orientierung

Zur Zeit von Leo Kanner und Hans Asperger, die beide unabhängig voneinander autistische Kinder beschrieben haben, steckte die Sozial-Psychologie noch in den Kinderschuhen. Die Erkenntnisse über das Miteinander von Menschen, den bewussten wie auch unbewussten Anteilen, stand damals noch nicht zur Verfügung.
So schilderten beide, Kanner und Asperger, die auf-fälligen Verhaltensweisen autistischer Kinder, ohne jedoch eine Erklärung dafür zu haben.
Letztlich ist man, 70 Jahre später, keinen Schritt weiter, sondern dreht sich bisher im Kreis.
Zwar hat man hunderte und tausende „Fälle" und Eigenheiten beschrieben, und so auch, dass Autisten wenig bis keine Mimik zeigen, das Gegenüber nicht

29

imitieren, häufig eine monotone oder gar keine Sprache haben, den Sinn von Small-talk nicht verstehen und zu diesem kaum fähig sind … dass Autisten häufig Schwierigkeiten mit Ironie und Redewendungen haben. Man hat es aber in all den Jahren nicht geschafft, alle diese Beschreibungen in eine einheitliche Theorie zu vereinigen.

1.1   Sozial-Psychologische Perspektiven

Durch die Ergebnisse der Sozial-Psychologie aber wird nicht nur erklärbar, was Autismus ist, sondern auch, wie es als Folge einer Störung der sozialen Interaktion dann zu einer Störung der Entwicklung kommen kann.

1.2   Autismus als Fehlen der unbewussten Gruppenkommunikation

Genau über die Verhaltensweisen, die Autisten nicht zeigen, nämlich Mimik, Imitation, Synchronisierung etc. kommunizien NT-Menschen (neurotypische Menschen – also keine Autisten) unbewusst miteinander.
Diese Kommunikation dient vor allem der Definition und dem Aufrechterhalten der eigenen Gruppe.
Durch Imitation werden zudem die Verhaltensweisen der Gruppe übernommen. So werden zum Beispiel Sprache

und Dialekte, Bewegungsmuster und Sprachmuster als
Teil der Gruppendefinition durch die Teilnahme an der
sozialen Interaktion der Gruppe erlernt.
Diese unbewusste Gruppenkommunikation und
-interaktion dient NT-Kindern und -Erwachsenen zudem
als „Autopilot", d.h. als automatische Orientierung.
Diese ist vor allem dann hilfreich, wenn äußere Orientierungsmöglichkeiten fehlen.
Autisten fehlt dieser "Autopilot", da sie nicht an der
unbewussten Gruppenkommunikation teilnehmen.
Autisten müssen sich also immer bewusst und aktiv
orientieren – und dies fällt in neuen, unbekannten
Situationen wie z.B. beim ersten Besuch einer Kita oder
eines Kindergartens und ohne äußere Orientierungsmöglichkeiten besonders schwer.

2   Energie

Bei Menschen gibt es zwei verschiedene, von einander
getrennte Aktivitätsmuster. Zum einen den „Aufgaben-
Modus", in dem, wie der Name schon sagt, Aufgaben und
Herausforderungen gelöst werden. Diesen haben alle
Menschen. Zum anderen verfügen NT-Menschen noch
über einen „Entspannungs-" oder „Normal-Modus", der
in Aktion tritt, wenn es keine Probleme oder Aufgaben zu
lösen gibt. Zu diesem „Normal-Modus" gehört auch die

unbewusste Gruppenkommunikation, also Small-talk, Imitation, Synchronisierung … also der „Autopilot", der vor allem auch als Energiesparmodus fungiert. Autisten dagegen befinden sich immer im „Aufgaben-Modus". Deshalb zeigen Autisten zum einen das häufig starke Interesse an der Umwelt, technischen Problemen, das ausgeprägte Erkundungsverhalten …

Autisten imitieren nicht andere Menschen und synchro-nisieren sich nicht mit diesen. Durch Imitation werden aber zum Beispiel motorische Bewegungsmuster gelernt. Deshalb haben Autisten häufig Probleme mit der motorischen Entwicklung.

Aber es fehlt vor allem auch der „Autopilot" als Energiesparmodus. Alle Tätigkeiten von Autisten finden im „Aufgaben-Modus" statt und verbrauchen dadurch viel Energie, wodurch autistische Kinder eher die Kräfte ausgehen.

In einer technisierten und reizüberfluteten Umwelt kommen die Herausforderungen der Hypersensibilität und Reizfilterschwäche bei Autisten hinzu.

Das automatische Herausfiltern störender Geräusche (Reizfilter), funktioniert nicht, sondern muss aktiv und unter Aufwand von Energie betrieben werden. Und auch mit der notwendigen Energie gelingt das Herausfiltern nicht immer. Das Ticken der Uhr hat dann die gleiche

Bedeutung und Intensität der Wahrnehmung wie die Stimme des Gegenübers.

3   Entspannung

Bei Autisten und auch ihren Familien, finden sich sehr hohe Stresslevel. Diese entstehen bei Autisten zum einen durch die sensorischen Besonderheiten, zum anderen auch durch das Fehlen der unbewussten Gruppen-kommunikation. Die Verhaltensweisen der anderen Menschen erscheinen Autisten häufig als unverständlich und rätselhaft.

Ohne „Normal-Modus" befinden sich Autisten zudem in einem permanenten „Aufgaben-Modus", häufig ohne diesen in erforderlichen Maß ausleben zu können. Entspannung als Grundlage von Kommunikation und Interaktion ist bei Autisten daher ein großes Problem. In aller Regel beherrschen Angst und Stress das Leben von Autisten. Und diese stehen der sozialen Interaktion und damit der Entwicklung entgegen.

Hier können Ruhe- und Rückzugsmöglichkeiten hilfreich sein, genauso wie wechselnde Spiele, die nicht nur auf die (unbewusste) Imitation etc. zielen, sondern das gemeinsame Lösen von Aufgaben und Problemen beinhalten.

V. FOLGEN

Durch die massiven, kulturbedingten Veränderungen der Umwelt können ehemals durchaus positive Eigenschaften zu Problemen werden. Autisten fällt die Orientierung schwerer. Und das macht sich vor allem in einer Umgebung bemerkbar, in der viele äußere Orientierungsmöglichkeiten verloren gegangen sind oder verloren gehen.

So ist die Welt für Autisten unverständlicher geworden, was häufig zu einem Rückzug von sozialer (im Unterschied zu unbewusster) Gruppenkommunikation oder herausforderndem Verhalten führt.

Die Welt da draußen macht Angst.

Durch die Verschiebung vom „Aufgaben"-Modus, der noch vor hundert Jahren die Gesellschaft prägte, in den „Normal"-Modus bzw. „Small-Talk"-Modus in einer Wohlstandsgesellschaft, wird zudem mehr Wert gelegt auf die unbewusste Gruppenkommunikation. Menschen, die diese nicht zeigen, also unter anderem Autisten, werden ausgegrenzt und sind häufig Opfer von Mobbing. Das kommt in Kita und Kindergarten selten vor, da die Gruppenwahrnehmung (ich bin Teil der Eigen-Gruppe im Unterschied zur Fremd-Gruppe) bei Kindern im Kita-Alter noch nicht entwickelt ist.

Spätestens ab dem Übergang in die Schule dann dies jedoch zum Problem werden.
Durch das Fehlen des „Autopiloten", vor allem der Imitation, können zudem alle Lernprozesse länger dauern, vor allem die Entwicklung von Interaktions-Kompetenz.
Durch diese Schwierigkeiten ist die Gefahr bei Autisten größer, dass es zu einer „Störung der sozialen Interaktion", und dann in der Folge zu einer „tiefgreifenden Störung der Entwicklung" kommt.

1 Risiken / Vulnerabilität

Durch eine

1. sensorische und/oder
2. soziale

(Dauer-) Belastung über die Belastungsgrenze hinaus, die bei Autisten niedriger ist als bei NT-Menschen, und die damit einhergehenden dauerhaft hohen Stresslevel, kann es zur Entwicklung von körperlichen und psychischen Erkrankungen kommen.
Doch auch dazu muss es nicht kommen, wenn die Signale des Kindes, z.B. dass die Energie erschöpft oder die Umwelt im Augenblick zu laut ist, beachtet werden.
Um die Entwicklung von Störungen zu vermeiden, ist deshalb die Einhaltung einer Belastungs-Balance

notwendig. Das bedeutet nicht, dass die autistischen
Kinder nicht auch einmal über die Belastungsgrenze
hinaus belastet werden können – aber dies sollte nicht als
Dauerzustand geschehen.

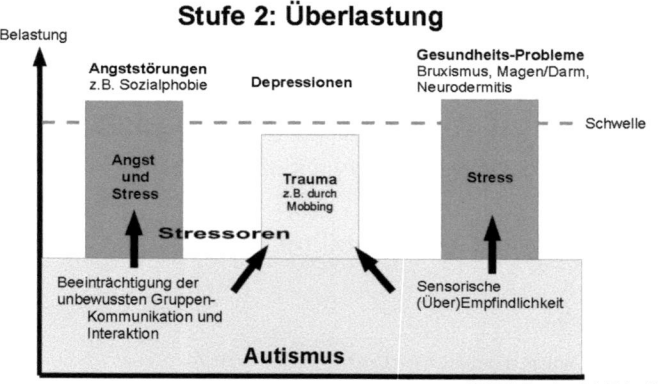

Durch

1. Ausgrenzung oder Rückzug von sozialer
   Interaktion,

2. fehlenden äußeren Orientierungsmöglichkeiten,
   sowie

3. länger dauernden Lernprozessen

besteht die Gefahr einer nicht ausreichende Entwicklung
von Interaktions-Kompetenz. Wird dann die nächst
höhere Stufe der Interaktions-Kompetenz, z.B. durch den
Besuch einer Kita oder Einschulung gefordert, ohne dass

die notwendigen Kompetenzen enwickelt wurden, kann es abhängig vom Alter zur Regression oder Dissoziation der Entwicklung kommen.

Zur Regression kommt es vor allem im Übergangsbereich von Kleinkind zu Kind. Autistische Kinder, die bereits gesprochen haben und sauber waren, verlieren durch die zu hohen Anforderungen an ihre Interaktions-Kompetenz z.B. die Sprache und nässen und koten sich wieder ein. Dies taucht immer wieder bei autistischen Kindern beim Eintritt in den Kindergarten oder in die Kita auf.

Tritt die Überforderung oder aber auch eine Mobbing-/ Gewalt-Erfahrung beim Übergang vom Kind zum Jugendlichen auf, dann kann es in der Folge zu einer Dissoziation der Entwicklung, das heißt zu einer Trennung der Entwicklung kommen. Die kognitive Entwicklung geht dann zwar normal weiter, aber die sozio-emotionale Entwicklung bleibt auf der Stufe des Kindes stehen.

Sensible Phasen der Entwicklung

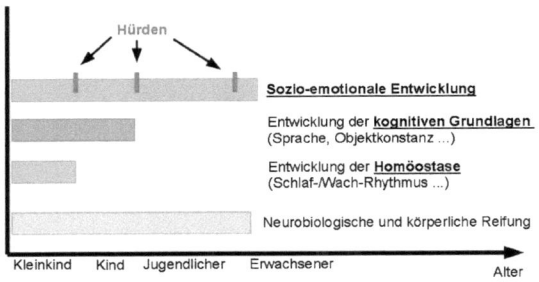

VI. VORBEUGEN

Auch autistische Kinder können sich normal entwickeln!
Auch autistische Kinder können und wollen gemeinsam
mit anderen Kindern spielen!
Die oben genannten Risiken sind eben Risiken und kein
unabänderliches Schicksal. Wichtig ist deshalb eine
erhöhte Sensibilität und vorausschauendes Vorbeugen,
damit es erst gar nicht zu einer Störung der sozialen
Interaktion und in der Folge zu einer Störungen der
Entwicklung kommt. Und dieses Vorbeugen nützt allen
Kindern, egal ob autistisch oder nicht.
Die Beantwortung der Frage „Ist (m)ein Kind Autist?"
dient letztlich also nur der Klärung, wie stark diese
Vorbeugung ausgeprägt sein sollte. Denn autistische
Kinder brauchen eventuell länger für ihre Entwicklung
und sind einfach anfälliger für Störungen.

1   Beachtung der Belastungs-Balance

Wenn Sie sich entschließen, in ein Fitness-Studio zu
gehen, dann werden Sie nicht am Anfang gleich die
maximale Belastung bei den Übungen wählen. Langsam
werden Sie beginnen und langsam die Belastungen
erhöhen. Mit jedem Training wird sich Ihre Belastungs-

grenze ein wenig erhöhen. Überlastungen werden Sie vermeiden, bergen diese doch die Gefahr der Verletzung. Auch werden Sie nicht jeden Tag und nicht viele Stunden trainieren, sondern Ihrem Körper Zeit für die Erholung gönnen. Denn nur so kann das Training postiv wirken.

Bei sowohl der sensorischen als auch sozialen Entwicklung verhält es sich ähnlich. Diese brauchen Zeit und Training. Eine Belastung über die Belastungsgrenze hinaus birgt jedoch das Risiko der „Verletzung".

Und auch eine Dauerbelastung fördert nicht die Entwicklung, sondern schadet dieser eher.

Durch unsere reizüberflutete Gesellschaft jedoch werden die Kinder einer sensorischen Dauerbelastung ausgesetzt. Und dies auch häufig über die Belastungsgrenzen hinaus. Das heißt, dass der entsprechende Reiz als schmerzhaft und / oder bedrohlich wahrgenommen wird. So gerät der Körper in einen anhaltenden Stresszustand. Und dieser steht, wie schon dargestellt, einer sozialen Interaktion im Wege. Zieht sich ein Kind im Kindergarten oder der Kita zurück oder entwickelt herausforderndes Verhalten, dann kann hier die Ursache dafür liegen.

Doch auch die Fähigkeiten zur sozialen Interaktion müssen entwickelt werden.

Soziale Interaktion lernt man durch soziale Interaktion. Diese Entwicklung geschieht auch über Kompetenz-Stufen, das heißt, dass das Kind nicht von Anfang an in der Lage ist, mit allen und jedem in soziale Interaktion zu treten. Erst beschränkt sich die Fähigkeit auf eine Eins-zu-Eins Kommunikation mit Eltern und Familie, dann auf Gruppen-Kommunikation mit Freunden und Bekannten der Familie, dann mit Fremden.

Wie schwierig der Übergang von einer Kommunikations-Stufe zur nächsten sein kann, erleben viele Eltern, wenn ihr Kind das erste Mal z.B. eine Kita besucht. Vom Kind wird gefordert, sich ohne die Eltern in einer neuen Umgebung mit fremden Menschen zurecht zu finden – eine große Herausforderung.

Bei autistischen Kindern ist das Risiko besonders hoch, dass es bei diesem Wechsel zu Problemen kommt, weil die notwendige Interaktions-Kompetenz noch nicht entwickelt wurde.

2   Beachtung der Entwicklung der Interaktions-Kompetenz

Wird die nächste Stufe auf der Leiter der Interaktion vom Kind gefordert, dann muss das Kind auch die dazu notwendigen Kompetenzen haben. Auch autistische Kinder entwickeln diese Kompetenzen – brauchen aber manchmal länger dazu. Daher ist gerade bei autistischen Kindern eine besondere Sensibilität gegenüber vollzogenen oder noch ausstehenden Entwicklungsschritten notwendig.

Zur Interaktions-Kompetenz zählen

1. sensorische Intergration
2. Orientierungsfähigkeit
3. kognitive Entwicklung
4. sozio-emotionale Entwicklung
5. Kommunikations-Kompetenz

2.1 Sensorische Integration

Wie schon dargestellt treten bei autistischen Kindern häufig sensorische Überempfindlichkeiten auf und ist eine Reizfilterschwäche zu beobachten. Diese können einer sensorischen Integration im Wege stehen. Aber nur wenn die Sinnesreize der Umwelt als verständlich und normal wahrgenommen werden können, kann das Kind mit der Umwelt sinnvoll interagieren.

2.2 Orientierung

Kann sich das Kind in der Umwelt orientieren? Gelernt wird dies zum einen durch äußere Orientierungshilfen wie klaren Strukturen und Abläufen, zum anderen auch über unbewusste Gruppenorientierung. Da letztere bei autistischen Kindern fehlt, sind am Anfang die äußeren Orientierungshilfen besonders wichtig.

Aber als Ziel sollten sich auch autistische Kinder in dieser Welt, auch in neuen, unbekannten Umgebungen, orientieren können. Auch autistische Kinder können dies lernen.

Notwendig für die Entwicklung der Orientierung sind dabei auch das Aufzeigen von (sozialen) Grenzen, weiterhin vor allem auch Lob, das häufig vergessen wird, und Tadel, sowie die „Maß-Regelung" von Erkundungsverhalten und Aggression. Ohne Imitation der Verhaltensweisen der Gruppe und ohne „Autopilot" benötigen autistische Kinder verständlicher Weise zur Unterstützung des Lernprozesses viel mehr äußere Hinweise zur Orientierung – erhalten diese aber häufig nicht oder zu wenig.

2.3   Kognitive Entwicklung

Bei den Kindern, von denen dieses Buch handelt, bei denen also nur anfängliche Verdachtsmomente aufgrund einzelner Entwicklungsverzögerungen auftreten, wird man von einer normalen Entwicklung der kognitiven Fähigkeiten ausgehen können.

In unserer rationalistischen Welt wird zudem die kognitive Entwicklung überbewertet, weshalb bisher weitgehend übersehen wurde, dass autistische Kinder vor allem Probleme bei der sozio-emotionalen Entwicklung haben. Eine Förderung dieser sollte jedoch an erster Stelle stehen. Und diese bedarf der sozialen Interaktion, sei es in Kita, Kindergarten oder Schule. Die in Mode kommenden Online-Schulen dagegen folgen dem falschen Pfad der reinen kognitiven Entwicklung.

2.4   Sozio-emotionale Entwicklung

Die ganze Bandbreite und Komplexität der sozio-emotionalen Entwicklung gerät vor allem durch die Analyse der Probleme von autistischen Kindern in den Blick. Entwicklungen, die sonst Dank „Autopilot" und Imitation weitgehend automatisch ablaufen, benötigen bei autistischen Kindern mehr Aufwand und Energie. Aber auch bei vielen neuro-typischen Kindern finden sich zunehmend Probleme in der sozio-emotionalen Entwicklung.

2.4.a   Frustrationstoleranz

Heutzutage liegt für jedes Bedürfnis eine Befriedigung in erreichbarer Nähe. So finden sich zum Beispiel nahezu überall die großen Werbetafeln der Burger-Brater, die Bedürfnisse sowohl wecken als auch gleich befriedigen.

Kaum noch lernen die Kinder, dass nicht jeder Wunsch und jedes Bedürfnis sofort befriedigt wird.

Häufig werden von den Eltern in vorauseilendem Gehorsam Wünsche erfüllt, die das Kind noch gar nicht (geäußert) hatte.

So erfahren die Kinder kaum Frustration – und lernen nicht, mit dieser umzugehen. Schon kurze Wartezeiten beim Essen oder ähnlichem führen dann zu Dramen.

2.4.b Impulskontrolle

Auch Erwachsene haben viele Impulse, darunter aggressive wie auch friedliche. Aber Erwachsene gehen in der Regel diesen nicht immer nach. Wer dagegen seinen aggressiven Impulsen ungesteuert nachgeht, wie es immer häufiger in den Medien berichtet wird, landet vor Gericht.

Kinder müssen erst lernen, mit ihren Impulsen umzugehen und diese zu kontrollieren. Auch für diesen Lernprozeß braucht es soziale Interaktion und das aufzeigen sozialer Grenzen.

2.4.c Aufmerksamkeitsspanne

Um mit anderen Menschen aber auch der Umwelt in einen förderlichen Kontakt treten zu können, bedarf es einer entwickelten Aufmerksamkeitsspanne. Ist diese unzureichend entwickelt und dauert eventuell nur Sekunden oder Minuten, dann ist eine sinnvolle Interaktion kaum möglich. Diese Aufmerksamkeitsspanne sollte sich dabei nicht nur auf stereotype Handlungsmuster mit wenigen Gegenständen beziehen, sondern auf eine flexible Interaktion mit verschiedenen Menschen und Gegenständen.

Häufig stehen zu hohe Angst- und Stressniveaus einer längeren Aufmerksamkeitsspanne entgegen. Die Kinder befinden sich dann in einem permanenten „Kampf- oder Flucht-Modus", der sie Rast und Ruhelos macht.

2.4.d   Emotionsregulation

Nicht nur die Ausprägung und Zuordnung von Emotionen zu Ereignissen wird sozial gelernt, auch die Regulation der eigenen Emotionen muss gelernt werden. Hierzu bedarf es zum einen der notwendigen Energie, um die Emotionen regulieren zu können. Zum anderen aber auch der Entwicklung von Selbstwertgefühl. Diese entsteht nicht isoliert im Kind, sondern durch soziale Prozesse, also letztlich durch die Teilnahme an sozialen Gruppen. Erfolgserlebnisse und positive Rückmeldungen sind für alle Kinder wichtig. Die Eigenheiten des möglichen Verhaltens von Autisten sollten davon nicht abhalten.

2.5 Kommunikations-Kompetenz

Auch wenn die Kommunikations-Kompetenz mehr umfasst als die Sprache, wie viele mutistische Kinder zeigen, die nur mittels Zeigegesten alles erhalten, was sie benötigen, ist Sprache doch die wesentliche Grundlage der menschlichen Kommunikation.

Eine Verzögerung oder Störung der Sprachentwicklung kann erstes Zeichen für möglichen Autismus sein, da Sprache für Autisten eine andere Funktion hat als für NT-Menschen. Und durch das Fehlen der Imitation des Gegenübers auch anders gelernt werden muss.

Für NT-Menschen dient Sprache weniger der Informationsübermittlung, sondern zu etwa 60 Prozent der „sozialen Fellpflege". Durch Sprache, die Imitation von Sprachmelodie und Dialekten …, wird vor allem unbewusst die Gruppenzugehörigkeit kommuniziert.

Für Autisten dient Sprache jedoch vor allem des Austausches von Sachinformationen. Autistische Kinder erzählen gerne von ihren Interessensgebieten, stellen Wissensfragen, häufig bis an die Belastungsgrenzen von Eltern und Erziehern. Auch autistische Kinder haben Interesse an Menschen, aber eher an Menschen, die ihnen die Welt erklären können und wollen.

Bei der Sprachförderung von autistischen Kindern sollten deshalb die Interessensgebiete des Kindes als Übungsobjekte gewählt werden.

3 Förderung der sozialen (!) Interaktion

Durch das Fehlen der unbewussten Gruppenkommunikation und den daraus resultierenden Problemen ziehen sich autistische Kinder häufig von der sozialen Interaktion zurück. Oder sie werden werden von dieser ausgegrenzt, weil sie z.b. starkes Explorationsverhalten zeigen oder der Irrtum besteht, Autisten könnten und wollten nicht Teil sozialer Interaktion sein.
Doch soziale Interaktion lernt man durch die Teilnahme an Gruppen, durch die Teilnahme an sozialer Interaktion. Bei allen Kindern sind den Angst- und Stress-auslösern besondere Aufmerksamkeit zu schenken, da Angst und Stress einer sozialen Interaktion im Wege stehen. Bei „Flucht"-Kindern, die sich in ihre eigenen Welt, in eigene Spiele und Stereotypien zurück ziehen, ist behutsames heranführen an die Gruppeninteraktion notwendig.
Bei den „Kampf"-Kindern kann deren Exploration der Umgebung genutzt werden zum Aufbau sozialer Interaktion, indem man die Exploration erlaubt, die Kinder bei dieser begleitet und ihnen dabei „die Welt" erklärt.

4   Sensibilität gegenüber Mobbing / Gewalt

Neben dem Risiko einer Überforderung aufgrund nicht
genügend entwickelter Interaktions-Kompetenz, haben
Autisten vor allem auch ein weit überdurchschnittliches
Risiko, Opfer von Mobbing, Gewalt und Ausbeutung zu
werden. Sozialpsychologisch erklärt sich dies dadurch,
dass Menschen, die nicht Teil der Eigen-Gruppe sind, als
fremd und/oder feindlich wahrgenommen werden. Durch
das Fehlen der unbewussten Gruppen-Kommunikation,
vor allem ohne Imitation von Dialekten, Moden etc.,
werden Autisten jedoch nur schwer oder gar nicht als
Mitglieder der Eigen-Gruppe wahrgenommen. In der
Folge werden sie als „Fremdlinge" wahrgenommen und
auch so behandelt.

VII.   IST (M)EIN KIND AUTIST?

Die folgenden Punkte sollen eine Orientierungshilfe
geben bei der Beantwortung der Frage, ob ein Kind
Autist ist. Und das zu einem Zeitpunkt, an dem noch
keine oder eine so schwache Störung der Entwicklung
vorliegt, dass es für eine Diagnose (einer tiefgreifenden
Entwicklungsstörung) nicht ausreicht.

- Im Vergleich zu anderen Kindern wenig bis keine
  Mimik

Autisten zeigen wenig bis keine Mimik. Dies ist eines der
Hauptkriterien, an denen man vor allem autistische
Kinder und Jugendliche erkennen kann.
Manche erwachsene Autisten haben jedoch gelernt, eine
entsprechende Mimik zu zeigen.

- Keine Imitation

Autisten imitieren nicht das Verhalten anderer Menschen.

- Keine Angst

Auch Angst wird sozial gelernt. Ohne entsprechende soziale Interaktion kommt es nicht zur Entwicklung kulturspezifischer Angst.
Andererseits haben Autisten aber ein hohes Risiko, eine Angststörung zu entwickeln.

– Kein "pretend play" - Traktoren werden aufgereiht

Autistische Kinder zeigen kein „So tun als ob"-Spiel. Spielzeugtraktoren sind kleine Abbilder der großen Wirklichkeit. Diese werden vor allem sortiert.

– Inter-esse für Dinge/Natur. Lieber Sach- als Märchenbuch.

– Starke Exploration oder Rückzug

– Sensorisch

Die sensorische Wahrnehmung von autistischen Kindern ist häufig zweigeteilt. Zum einen besteht
- kaum Schmerzwahrnehmung und Interozeption.
Auf der anderen Seite aber bei den Sinnesreizen eine
- Hypersensibilität.

50

– Motorisch

Autistische Kinder kann man an den ungewöhnlichen
Bewegungsmustern erkennen. Häufig tauchen dadurch
auch sportliche Defizite auf. Die Kinder haben häufig
    - "hölzerne" Bewegungen.
Auf der anderen Seite finden sich aber auch
    - "Klettermax", d.h. erstaunliche Geschicklichkeit
    z.b. beim Klettern
    - gute Auge-Hand-Koordination
Prinzipiell haben Autisten
    - hohe Aktivitäts-/Erregungsniveaus.
Diese können sich durch an eine Spastik erinnernde
Haltung von Händen und Armen zeigen, aber auch an
Zähneknirschen, Verspannungen der Muskulatur ...

– Sprache

Ohne die Imitation der Sprachmelodie wirkt die Sprache
von Autisten häufig monoton. Durch die Beschränkung
auf den Sachinhalt kommt es häufig zur „kleine
Professor" Kommunikation.

51

VIII.   NACHWORT

Autismus ist keine Krankheit!

Autismus ist eine andere Form des Sein.

Diese ist in unserem kulturellen Umfeld begleitet von einem besonders hohen Risiko für eine Störung der sozialen Interaktion durch Rückzug oder Ausschluss. Und in Folge kann es dann zu einer Störung der Entwicklung kommen.

Wird dies beherzigt und ein autistisches Kind rechtzeitig als solches erkannt, dann kann es sich bei entsprechendem Verständnis, angepasster Förderung und Sensibilität bezüglich der Belastungs-Balance ganz normal entwickeln!

IX. WEITERFÜHRENDE LITERATUR

1 Entwicklungsdynamische Autismustheorie:

Ganz, Andreas; Schmidt, Bernhard J. (2016):
Klartext kompakt.
Frühkindlicher Autismus: Verstehen = Helfen.

2 Autismus in der Schule

Schmidt, Bernhard J. (2015):
Klartext kompakt. Das Asperger Syndrom - für Eltern.

Schmidt, Bernhard J. (2015):
Klartext kompakt. Das Asperger Syndrom - für Lehrer.

Schmidt, Bernhard J. (2016):
Klartext kompakt.
Das Asperger Syndrom - für Schulbegleiter.

Schmidt, Bernhard J. (2016):
Klartext kompakt. Das Asperger Syndrom - Zwischen Mobbing und Inklusion.

3 Historische Analyse der Forschungsirrtümer

Schmidt, Bernhard J. (2017):
Autismus und der Kühlschrankmutter Mythos: Eine
Rehabilitierung Bruno Bettelheims

4 Reduzierung von Stress und Förderung der Kommunikation durch Hunde

Schmidt, Bernhard J. (2017):
Praxis kompakt: Autismus und Hund

5 Sozio-emotionale Entwicklung von Autisten

Schmidt, B. J.; Döhler, C.; Döhler, D. (2017):
Autismus – Sexualität – Partnerschaft

6 Psychische Störungen bei Autisten

Schmidt, Bernhard J.; Ganz, Andreas (2016):
Klartext kompakt. Das Asperger Syndrom - nicht nur für
Psychotherapeuten.

7 Autismus und herausforderndes Verhalten

Schmidt, Bernhard J. (2018):
Klartext kompakt.
Autismus – Flucht oder Kampf.
Neue Perspektiven auf herausforderndes Verhalten.